SV

Christian Lehnert

opus 8
Im Flechtwerk

Suhrkamp

Dieses Buch wurde klimaneutral produziert.

Klimaneutral
Druckprodukt
ClimatePartner.com/14438-2110-1001

Erste Auflage 2022
Originalausgabe
© Suhrkamp Verlag AG, Berlin, 2022
Alle Rechte vorbehalten. Wir behalten uns auch eine Nutzung des Werks
für Text und Data Mining im Sinne von § 44b UrhG vor.
Umschlaggestaltung: Hermann Michels und Regina Göllner
Satz: Greiner & Reichel, Köln
Druck: GGP Media GmbH Pößneck
Printed in Germany
ISBN 978-3-518-43058-3

www.suhrkamp.de

Ein natürliches Buch

Von Pflanzen und Tieren / Mikroben und Steinen in ihren Erscheinungen /
Von ihren Namen / Ähnlichkeiten / Heilkraft und ihrem Atem /
Signaturen in pulsenden Bewegungen / Verletzliche /
Und von dem einen Grund derselben /
Ihrem Werden im Verlöschen /
Soli Deo Gloria.

AM ANFANG – als der Wille des Königs zu wirken begann /
grub er Zeichen in die himmlische Aura / die ihn umstrahlte.
(Buch Sohar)

Die Wiesenweihe (Circus pygargus)

Die Weihe öffnet sich   dem Sturm / fast ohne Regung.
In Böen steigt sie auf   und ruht in der Bewegung.

Die Sommerlinde (Tilia platyphyllos)

Der Lungenbaum / die Linde / atmet ein.
Die Blätter zittern / und der Wind dringt tief.
Weit draußen war der Baum und drinnen schlief
Die Wurzel / das Erinnern im Gestein:

Dort ist die Luft im Haargewirr zu Haus.
Dort ruhen / ungeschieden / Tag und Nacht.
Dort ist das Wachsende schon stumm gedacht.
Der Lungenbaum / die Linde / atmet aus.

Glühwürmchen (Lampyris noctiluca)

Ich bin im Sehen blind /   ich bin im Hören taub /
Vor mir im Dämmern glänzt   ein körperloser Staub.

Großblütige Königskerze (Verbascum densiflorum)

Wie sie wiederfinden – diese Feuer
In den Stoffen / Blitz und helle Sprachen?
Namen: Königskerzen / trockne Brachen /
Numen waren's / Baken ohne Steuer –
Satzlos / Nicht Metaphern / nicht gebrochen –
Trieben waldwärts.
               Schattengelbe Flammen /
Geist in Zungen / Brand / dem sie entstammen –
Auf einer schmalen Lichtung nachgesprochen?

Isländisches Moos (Cetraria islandica)

Die Zungen liegen weich   auf Schotter und auf Schollen.
So fließen Flechten aus   im Willen / nichts zu wollen.

Der Aufbruch der Graugänse

Ein Schwingen / Laut und Schwingenschlag / gesagt
War nichts / doch nichts blieb sich von nun an gleich:
Die Auen zitterten um einen Teich /
Dort war kein Land / dort war ein andrer Tag.

Ich stand in einer Schalung / einem Pochen /
Das in die Knie kroch / sah Flügel ragen /
Und Leiber stiegen auf / ein Tausendklagen /
Und alles schrie / das Licht war wie gestochen.

Mehlschwalbe (Delichon urbica)

Das Junge zuckt und fällt.   Was Nest war / Halt / verschwindet /
Die Böen greifen zu.   Es sucht nichts mehr / es findet.

An der Steilküste

Nun merke / es steht schon von allem geschrieben:
Der Regen bewegt ein silbriges Blatt
Und wendet es um / ein Stammschößling hat
Gelesen und wartet. Durchnäßt und zerrieben
Sind Kreiden / der kippende Baum ist bereit /
Nach nichts mehr zu fragen und nichts mehr zu wissen /
Was eben geschieht / enthält kein Vermissen /
Zu hören ist nur / wie ein Möwenpaar schreit.

Die Samenkapsel der Stockrose (Alcea rosea)

In einer Schale ruht   die Zeit / von ihr getrennt /
Ein ferner Blütensog /   das Jahr / das sie nicht kennt.

Der Samen des Kriechenden Fingerkrauts (Potentilla reptans)

Er weiß die Wurzeln / weiß die Pollen /
Das Stengelkriechen / gelbe Matten /
Und wie sich öffnend Blätter rollen /
Die Atemhaut / verströmt im Schatten.
Er ist gedacht und ist entfallen /
Er ist ein Zeichen und ein Leib.
Er ist verweht / ein Widerhallen
Und Hand / die immer weiterschreibt.

Der Zunderporling (Fomes fomentarius)

Das Rieseln / dies Gesumm   aus einer mürben Welt /
So lauscht der alte Baum   dem Anlaut / der ihn fällt.

Die Schüsselflechte (Parmelia physodes)

Bruchholz / schwankend / weiß sie ihren Ort?
Ihren Körper / wohin will sie reichen?
Außen / schattenfleckig / ist sie Zeichen /
Harte Zunge / unbekanntes Wort.

Ob sie Licht im Inneren verspürt?
Grüne Schwebe / die sich vorwärts schiebt?
Wucherung / die Gang und Zeit ergibt /
Immer tiefer in die Fremde führt?

Die Tulpe
oder
Von den Spaltöffnungen

Rot zieht sie auf / verströmt /   durchblitztes Wolkenmeer.
Ein Spalt: Sie atmet ein /   der Wind wird in ihr schwer.

Wer ist es / der verglüht?   Wie Magma / Meteore?
Ein Spalt: Sie atmet aus /   wird Körper / Nacht und Pore.

Von der Aussaat

Wissend schwarzer Samen /
Heile mir die Namen /
Ungestalt Gesicht /
Heile mir das Licht.
Sterbend Redewesen /
Sprichst dich spiegeltief /
Während alles schlief /
Bist du wach gewesen.

Dies göttliche Eine ist ein Verneinen des Verneinens /
ein verlangendes Verlangen.
Was bedeutet »Eines«?
Etwas / dem nichts hinzugefügt ist.
Wo sie lauter in sich selber / wo nichts zu ihr hinzugefügt ist /
wo es gar nichts mehr zu denken gibt / ergreift nun die Seele die Gottheit.
(Meister Eckhart)

Bachstelzen (Motacilla alba)

Vergessen – steter Wind /   die Beete liegen brach.
Die Stelzen schwirren auf /   ein Erlenzweig wippt nach.

Fließendes Licht

Jetzt / wie ich ging / Bewegung ohne Ziel /
So kamen auch die Wege nicht heran
Und kein Warum und keine Tätigkeit /
Versickernd mit dem Berg / was mir zerfiel /
War Abgelegtes / Richtung / Schritt und Zeit /
War Ausgeschüttetes / ein Baum verrann
In Wurzelströmen / Krüppelkieferleib /
Der mit mir stillsteht / schaut und weitertreibt.

Die Ringelgans (Branta bernicla)

Sie flieht / schaut nicht voraus /   sie trägt in sich das Jahr /
Im Schwingenschlag das Meer /   die Welt / die wird und war.

Die denkende Hasel

Sie denkt und sie begehrt / sie steht im Wind
Und hängt Begriffe in die Wintersonne.
Sie lösen sich von ihr / die Röllchen sind
Ein vorgestelltes All / darin geronnen /
Was sich ihr zeigte. Schneenachts war sie blind /
Ins Kahle / Zufallsformen eingesponnen.
Nun stäubt sie Pollen aus / und sie empfängt.
Herangeweht ist das / wohin sie drängt.

Der Aal (Anguilla anguilla)

Der Weiher ruht / nur du   bist lose / wirst zur Kraft /
Bewegst dich weiter / Sog /   der ein Wohin sich schafft.

Der Springschwanz (Isotomurus maculatus)

Er handelt nicht / er frißt nur / bei Gefahr
Schlägt eine Gabel aus den Haken / schnellt
Den Ahnungslosen fort aus dem / was war
Und werden sollte / flechtensatt behält
Er keinen Flug im Sinn / schaut auf / so klar
Reißt das Erinnern und die Zeit zerfällt:
Das ist der Tag / ist jetzt / ist nicht bestimmt /
Wenn Ungestaltes einen Anfang nimmt.

Puppe des Apollo (Parnassius apollo)

Zugrunde geht sie / ruht   in ein Gespinst gebracht.
Vergessene Gestalt   erwacht in ihrer Nacht.

Die Nacht ist vorgedrungen

Die silbrigen Hälse der Reiher /
In Kies senkt ein Stern seinen pulsenden Schein
An einem der froststillen Weiher.
Dort klärt sich ein Pfad / doch er führt noch ins Nichts.
Dort wartet ein Schatten auf formendes Licht.
Selbst Stille / das Wort ist verfälscht in der Leere /
Wo ich noch des inneren Ortes entbehre
Und falle als Rauhreif und leuchte als Stein.

Die Grasfrösche (Rana temporaria)

Wie Glast und Glasgefäß /   wie Schein / den man vergißt /
So schwebt der Laich am Grund /   zu werden / was er ist.

Der Schwelbrand

Nun bin ich an der Kehre / hier beginnt
Die andre Seite dessen / was vergeht.
Pupilleninneres / woraus besteht
Das Nachbild / das in trocknem Reisig glimmt?
Wo aus dem Tag wird immer neu die Nacht /
Und in der Nacht wächst unentwegt die Frage:
Was nährt den Lichtschein / den ich in mir trage?
Ein Funkenflug / fast nichts / hat ihn entfacht?

Thymian (Thymus serpyllum)

Sein Duft / ein flacher Schlaf /   versickert im Gestein.
Das wurzelschwere Licht   wächst in die Felsen ein.

Materie des Bergahorns

Er ist ein anderer zu andrer Stunde /
Zeigt Narbenschründe in der Sonne / Falten
Von Rindenschuppen / in verpilzten Spalten
Erstarrt das Baumblut aus den Wurzelwunden.

Im Dämmern ist der Baum erst klar / ist Quelle
Von innen / Rand und Riß: Er ist es nicht /
Verdichtet sich zu einem Loch im Licht /
Wird schwarz / er steht an seiner eignen Schwelle.

Mit der Feldlerche (Alauda arvensis)

Zu steigen in den Laut /   bis alles sich verliert /
Bis nichts dein Eigen bleibt /   der Wind dich erst gebiert.

Mit dem Mohn gebetet

Nicht / daß es etwas gibt /
Wenn wir DIch nennen /
DEine Gestalt zerstiebt
Noch im Erkennen.
Klarer / von etwas zu nichts /
Vieles / und immer ist's eins /
Mohnblüten / fallendes Licht /
Häutchen verlorenen Scheins.

DIE ZUR EINSICHT KOMMEN / WERDEN STRAHLEN
WIE DAS STRAHLEN DES HIMMELSGEWÖLBES /
UND DIE VIELE ZUR FRÖMMIGKEIT BRINGEN /
WIE STERNE IMMERDAR. (DANIEL 12,3) [...]
DIE ZUR EINSICHT KOMMEN / WERDEN STRAHLEN –
das sind die Konsonanten und Vokale /
WIE DAS STRAHLEN – das ist die Melodie der Akzente /
DES HIMMELSGEWÖLBES – das ist die Entfaltung der Melodie /
wie jene Akzente / die sich ausbreiten und melodisch aufeinanderfolgen;
UND DIE VIELE ZUR FRÖMMIGKEIT BRINGEN –
das sind die trennenden Akzente / die in ihrer Bewegung innehalten /
wodurch die Rede verstanden wird.
Konsonanten und Vokale strahlen und leuchten
in ihrer Bewegung allzumal /
nach der geheimen Ordnung ihrer Bewegung auf verborgenen Bahnen.
Aus diesem Ort hat Alles sich entfaltet.
(Buch Sohar)

Die Blaualgen (Cyanobacteria)

Gewachsen aus dem Licht /   in Schlieren ein Gewand
Aus Atem / der im Meer   das Innere erfand.

Der Bruch der Gefäße
oder
Von den Einzelheiten

Es war zu hell / das Licht zersplitterte.
Ein Glasmolch schlüpfte / strahlte auf im Teich.
Ein Sonnentierchen kreiste / zitterte /
Sein Kiesskelett trieb schlingernd durch den Laich.
Ein Wellenflirren / so als witterte
Der Wind nach Leben / grün und algenweich.
Die feinsten Blitze / überall versunken –
So war der Tag nichts als ein Tanz von Funken.

Der Süßwasserpolyp (Hydra)

Was weiß der Fuß vom Grund?   Im Nichts steht der Gerechte.
Er steht und ihn durchdringt   das Gute und das Schlechte.

Zimzum
oder
Das Geheimnis des jungen Molches

Im Anfang ging ein Herzschlag. Krampfend zog
Sich *alles* / *das in allem war* / zusammen /
Ein Zucken / Winden / höhlenwarmer Sog /
Und war bei sich / verschloß sich / stand in Flammen
Und Blut. Doch draußen war es leer / dort wog
Ein Strom das Tier / ein Wirbeln / Schürfen / Schrammen.
Nur kurz sah ich den Bergmolch / dieses Pochen
Im Bauch wie Glas / sofort im Schlamm verkrochen.

Das Kolibakterium (Escherichia coli) /
Als sagte es:

»So warm sind Raum und Zeit /   Gefäß / das für mich lebt /
Mich birgt und dorthin trägt /   wo Nahrung mich umschwebt.«

Tiefenbakterien (Desulforudis audaxviator)

Grampositiv? Dem Wort sind sie entzogen
Wie allen Namen / sie sind undenkbar /
In Adern / heißem Schaum auf Magmawogen /
Wo sonst kein Leben ist / dort sind sie wahr
Wie Träume / nie geblieben / nie verflogen /
Sie wissen nichts von Hoffnung und Gefahr /
Sind mit sich selbst allein und teilen sich
In sich und sich / wo keine Zeit verstrich.

Die erkennende Amöbe

Was sich da draußen zeigt /   ob Stoff / ob Widerschein /
Umfließt ihr Zellfuß / greift   und holt es in sie ein.

Sporen
oder
Von der Seelenwanderung

Verstreute Seelenteilchen / was sie zeigen /
Verging und ist noch nicht / sie weisen hin.
Verschalt / vertrocknet / ausgewehter Sinn:
Sie sind gesagt und sind die Antwort / Schweigen.

Ob lebend? Tot? Sie treiben hin und her /
Von Schlaf zu Schlaf / noch wissen sie kein Licht.
Erinnern dumpf von einem Punkt die Sicht
Auf einen Vorhang / Wuchs und Wiederkehr?

Erdkrötenlarven (Bufo bufo)

Gewimmel ohne Maß /   ein Sog / die Mäuler schnappen
Nach Algen / weben schwarz   das Hungertuch der Quappen.

Der Kalkschwamm

Und wieder diese wirren Einzelheiten:
Du rührst die aufgeweichten Kalkschwammwaben
Und schäumst sie auf / ein Schlamm von losen Zellen /
Die eben eine Becherform ergaben.
Dann siehst du / wie im Glas an vielen Stellen
Die Trübung kriecht / sich sammelt / kleinste Zinnen
Der alten Form errichtet / das Erinnern
Will einen neuen Leib dem Tier bereiten.

Viren

Ein Überrest / sie sind   am Leben nur in andern /
der Seelen winzigste /   die durch die Fremde wandern.

Das Trompetentierchen (Stentor)

Noch mehr und winzigste der Einzelheiten /
Auf Fasern Torf im Faulschlamm angetrieben:
Ein Wimpernstil / ein Pfriem im Algenschlingern /
Er pulst und schwankt / von Rindenhaut umschrieben /
Im Tröpfchenhals vibriert ein schneller Hauch /
Ein hoher Ton aus Wasser / Fett und Zeit /
Ein Schlund und Strudel / in den Bach getaucht /
Beständig nur / indem es strömt im Innern.

Ohrenqualle (Aurelia aurita)

Ein Schwingen / Wellenkreis /   in dem das Meer erkennt:
In seiner Strömung schwimmt   ein früherer Moment.

Die jungen Aale

Sie kehren heim und wissen nicht wohin.
In einem schnellen Strom sind sie wie Glas
Und wachsen / ihre Dunkelheit gerinnt
Vom gelben Bauch her / findet Schlangenmaß.
Sind sie erinnert? Doch von wem? Beginnt
Ein Traum von neuem / der sie schon besaß?
Sie werden schwer in einem schwarzen andern /
Im Schlamm versteckt / und wimmeln / suchen / wandern.

Allen Sprachen liegt eine allgemeine zu Grunde / Natur /
deren Herr / Stifter und Urheber ein Geist ist /
der allenthalben und nirgends ist / dessen Sausen man hört /
ohne zu wissen den terminum a quo *und* ad quem /
weil er frei ist von allen materiellen Verhältnissen und Eigenschaften /
im Bilde / im Worte / aber innerlich.
(Johann Georg Hamann)

Der Kartoffelkeim

Ein fahler langer Arm /   der sich ins Dunkel schmiegt /
Ertastet / was es sei /   was dort vergessen liegt.

Umgraben

Das Weiche / ungestalt / der feuchte Boden
Nimmt alles in sich auf / ist niemands Feind
Und niemands Form. Du furchst Kartoffeln ein /
Die Keime / glasig / leuchten wie Dioden –
Ihm ist es gleich / wie alles / was ihn rührt.
Denn von der einen Sonne abgeleitet /
Scheint alles ihm / auch Kalk / auch angstgeweitet
Das Pfahlloch / das in kalten Lehmgrund führt.

Hohe Schlüsselblume (Primula elatior)

Am Bach ein Schlüsselbart /   den sich die Sonne schleift /
Ragt in die klare Luft.   Du weißt nicht / wo er greift.

Der Holunderbusch (Sambucus nigra)

Quäle nie den Holder / nicht den Strauch
An der Mauerecke / wo der Wind
Blank zerschnitten wird / die Zweige sind
Halt dem Haus / daß es sich nicht verliert.

Formen wie du selbst / so geht ein Rauch /
Eine Säule steht vor dem Gewitter –
Holderhauch / er brennt schlecht / ist ein Bitter-
Kraut / das mit uns aufgeht / mit uns friert.

Die Herbstspinne

Sie weiß nicht / wer sie ist /   hat / was es gab / verschlungen.
Sie lauert nun im Netz /   auf die Erinnerungen.

Auf dem Dachboden

Bleibt das eingestaubte Fell /
Bleibt das Bleilot / pendelt hell /
Stumme Harfe / ein Kokon /
Wespenwaben / Schaumbeton /
Bleiben Siegel / bleiben Truhen /
Ausgehöhlte Falter ruhen /
Bleiben Luken / Rand von Teer /
Was sich öffnen läßt / ist leer.

Kreuzspinne (Araneus diadematus) /
Als sagte sie:

»Ich bin der schnelle Lauf /   bin fliegenwarm / ein Ball
Aus Weben / bin der Biß /   ein Fadenwurf ins All.«

Die Rauchschwalben (Hirundo rustica)

Winke am Himmel / denn alles / was lebt /
Öffnet sich / nimmt und verzehrt sich / verschwebt /
Bläuliche Flammen / aus festeren Stoffen
Zischt / was wir sehen und denken und hoffen.
Glut ist der Grund / wird zu Asche und Rauch /
Flackert und schwindet / wird Flügel und Bauch /
Weiße Gebilde / ein Staubflug / ein Schwarm?
Nur was verlischt / bleibt für seine Zeit warm?

Mohn (Papaver rhoeas)

Der Mohn wippt / und er nickt   im Wind / er winkt den Fliegen /
Sie kommen / fühlen sich   in Flammen wie in Wiegen.

Die wuchernden Sumpfkräuter

Ich hole Luft / die Zeichen liegen klar
Und völlig unverständlich / stumme Schriften
Aus Pflanzenkörpern / Lungenblättern / Giften
Und Milch / sie tropfen langsam / undeutbar.
Warum verlor sich die Grammatik? Oder
Ist dieses stille Dickicht / Ungestalt
Wovon? / ein Angstschrei / vor der Zeit verhallt?
Ein Blick / das Quellschwarz / folgt mir aus dem Moder.

Die Waldameisen (Formica rufa)

Ein meterlanger Leib   kriecht schlängelnd ins Geäst /
Wo er zerfällt und sich   dem Zufall überläßt.

An der Grenze

Wir standen Schlange / warteten und schwiegen /
Kein Ende war mehr fühlbar / Randgestalten /
Die sich zu der Erinnerung verstiegen /
Gedachtes / Worte hätten sie enthalten
Und bildeten ein Ganzes? Warum liegen
Hier Schatten wie Geröll / und kriechen / falten
An Schwellen sich? Ganz leise rief man einen.
Er ging zum Schlagbaum / niemand mochte weinen.

Abendpfauenauge (Smerinthus ocellata)

Ein dunkles Sonnenlicht /   die Glut ist rot entfacht.
Zwei Augen öffnen sich /   dort wächst im Blick die Nacht.

Zur Nacht

Schlaft nun / schlaft / wer seinem Schein
Hell im Licht nicht trauen kann /
Wisse / daß er irgendwann
In der Dunkelheit entsteht /
Wenn das Eigne ihm zergeht.
Schlaft nun / Schlaf ist das Gestein /
Woraus wachend ihr geschlagen /
Aufgestellt an langen Tagen.

Da geschieht in einem Augenblick der Seele Tag /
in ihrem natürlichen Licht / in dem alle Dinge sind /
da ist ein ganzer Tag / da sind Tag und Nacht eines /
da ist Gottes Tag. Im gegenwärtigen Augenblick
erschafft Gott die Welt und alle Dinge.
(Meister Eckhart)

Krähenflug

Die Nebel werden fest /   sie schärfen ihre Krallen /
Sie ballen sich im Schwarm /   sie strömen aus und fallen.

Der Schnee

Auch Schnee ist erst im Dämmern zu verstehen /
Wenn er verschwindet mit dem Tageslicht /
Sich löst von Formen / Zeichnung und Gewicht /
Von Wehen / nur als Schatten noch zu sehen /
Und aus der Dunkelheit wächst dichtes Weiß.
Nun ist er ganz und haltlos / ungeteilt /
Ist eine Wunde / und sie ist verheilt /
Ist weich und weiß von nichts und flieht im Kreis.

Die Eiche (Quercus robur)

Ein Windlaut / tiefer Ton   erfaßt den Baum / er schwingt /
Er schwankt und zittert / dröhnt /   weiß nicht / was ihn durchdringt.

Der Glaube

Ein Widerschein / ich habe ihn gefunden
Im Winterfenster / nachts / sonst war da nichts.

Das Sichtbare war Dunst und nur ein Zeichen /
Verschwommenes Gewölk / ein warmer Leib /

Der seinen Atem in die Kälte schreibt /
Und soll / was er besagt / noch nicht erreichen.

Ein schwarzes Glas / ich war darin versunken
Und war der Funke eines fremden Lichts.

Vogelbeere (Sorbus aucuparia)

Die Bitterkeit / das Rot /   das lang vom Sommer bleibt –
Die Beeren leuchten auf /   wenn Schnee durchs Dickicht treibt.

Winterwald

Ein Streif am Hang / der kahle Lärchenschlag /
Ein schwarzer Strich auf einem weißen Feld /
Ich schloß die Augen / und es wurde hell /
Und umgekehrt war Dunkelheit und Tag
Im Nachbild.
           Nachher ist selbst toter Wald
Ein Leuchten / ist Erwartung / Anbeginn
Vom Ende her / ein andrer Richtungssinn /
Doch weiß ich nicht / woher das Echo hallt.

Winterbienen

Sie schwirren / klammern sich   am andern fest / im Schwarm.
Die Angst / minutenlang /   hält für Minuten warm.

Das Fieber

Ich soll erwachen / aus den weißen Stoffen
Die Blicke heben / doch die sind zu weich.
Da ist ein kühles / glaub ich / festes Reich
Von Holz und Fingern / Glas / geradem Hoffen /
Und ich bin ausgetrieben / fortgekrochen /
Gewärtig ist wie Haut / was ich vermisse.
Da sei Berührung / wo der Raum zerrisse.
Das Schweigen ist ein unerhörtes Pochen.

Die Weißtanne (Abies alba)

Die Schneelast wurde schwer /   die Tanne schlief und schwankte.
Die Ruhe drang so tief /   wie sie noch nie gelangte.

Nach der Kirche

Ich sprach sie nach / so strömten die Gebete
Der anderen / sie klangen unentwegt /
Wie sich ein Hauch gefroren niederlegt
Und Reif wird Silbe / Schneefall / eine stete
Verwehung reichte bis zum Fenstergriff.
Sie wuchs / ich sah die langgestreckten Zungen.
Ich hörte Atem einer kalten Lunge /
Der einen Grat und klarsten Lichtschein schliff.

Walnüsse

Sie atmen langsam ein: Was außen war / erstarrt /
Verstummt / zerfällt / zerfriert /   wird unsichtbar und hart.

Rauhnacht
oder
Wintergesang der Meisen

Ihr müßt euch nur dem Schneefall überlassen /
Dem sinnlos stillen Flug / wenn Staub
Verschwebt und sinkt / verweht und taut.
Das Angedeutete kann niemand fassen /
Den Raum / worin das Fallen erst entsteht /
Als kurzer unnahbarer Frieden /
Dem hier kein Aufenthalt beschieden /
Als ob ein Sterben ist / und nichts vergeht.

Die Moorbirke (Betula pubescens)

Sie keimt und steht im Sumpf /   treibt Wurzeln / bis sie bricht.
Ihr Wachsen ist ein Tanz   der Steine mit dem Licht.

Morgendämmern

Im frühen Licht /
Ein Blick / der mich zerbrach /
Aus Worten fiel ich / sprach und sprach
Und ward und wuchs / Gewächs und lauter Nichts.

Daß DU mich siehst /
Hält mich in kurzer Schwebe /
Läßt wachen mich im Taggewebe /
Ich bin es nicht und bin / wenn DU geschiehst.

Wenn du ansiehst die Tiefe und die Sternen und die Erden /
so siehest du deinen Gott und in demselben lebest und bist du auch /
und aus demselben Gott hast du auch deine Sinnen.
(Jacob Böhme)

Plankton /
Die Umhergetriebenen

Der Schaffende / ein Strom /   so unbewohnbar rein –
Wer in ihm hausen will /   muß ohne Bleibe sein.

Brockenlava

Gestein schoß auf und floß sekundenschnell
Ins Meer / als wich es heim.
                              Der Leib Basalt /
Die kobaltblaue Brust / dann grünlich / gelber
Am Rücken / angespülte Schaumgestalt /
So liegt er hart geworden in sich selber /
Durchlöchert / dunkel / nur von außen hell.
Ein Festumschriebenes / so ruht er aus /
Im Kalten sicher / nutzbar / unbehaust.

Kugelalgen (Volvox)

Ein grüner Film / Membran /   sein Ursprung ist verborgen /
In Trübung eingehüllt /   in Gestern und in Morgen.

Wellen

Im Licht das Licht / wie sie zusammenfallen /
Sich beißen / steigen / weißer Grat / er bricht
Und rollt sich ein in Schaum / wo Kies und Quallen
Verwirbeln / Sog in kalte Tiefenschicht /
Ins Blindsein / unten / ohne Halt und Grenzen /
In einen Atem über Sand und Sohlen /
Geschleudert in die Höhe / in ein Glänzen /
Wo alles erst entsteht im Wiederholen.

Der Wal

Wen sucht die große Terz?   Was meint das Intervall?
Der Blauwal singt bei Nacht   mit Nebeln tief im All.

Der Amethyst

Ein Nachglanz? Langer Schlaf? Im Amethyst
Geht unentwegt ein Rauschen / pulsen Wellen
Voll Algenschlieren / ebben ab und schwellen
Und fluten gegen Klippen.
                                    Hörbar ist /
Wie Schaum zerfällt. Ein drehender Zyklon /
In seiner Mitte ist die Zeit vergangen /
Ist Hohlgestein geworden / quarzverhangen /
Dort wächst der Amethyst aus seinem Ton.

Pestwurz (Petasites hybridus)
oder
Das Erinnerungskraut

Es gibt das Enigma: Geballt / die lila Namen
Der Toten / Blütensproß   erzählt / wie sie entkamen.

Die Nacht

Das Silberrinnsal / gläsern zieht ein Singen
Bei Nacht von Berg zu Berg in seinem Kreis.
Es ist ganz still / denn die Gestirne klingen
Nur hörbar den Gestirnen.
                              Niemand weiß
Den eignen Schwebton / Summen seiner Spur.
Du schwingst / ein Strömungslaut / mit allen Wellen /
Mit Sternen / Stimmen / Falterschwärmen / Zellen /
Im offnen Raum / erinnere dich nur.

Das Amselpärchen /
Wie es von seinem Nest ablenkt

Zu schwach / ein Niederschlag /   zwei müde schwarze Flecken?
Sie spielen nur den Leib /   das Kranksein / das Verstecken.

Munro Driesh / Cairngorms

Ein Echo ist der Berg? Ein Beben drang
Herauf / verstummte? Übrig blieb der Schrund?
Der Schutt kriecht langsam durch den Felsengrund.
Was hier geschah / bleibt ungesagt. Der Hang
Verschweigt es / Sturm / wenn selbst die Falken kauern
In Wellen Moos / verschweigt im Heidekraut /
Im Bachlauf / den ein Schafskadaver staut /
Verschweigt den Nachhall seiner selbst / sein Dauern.

Espe (Populus tremula)

Sie zittert / längst gezählt   ist alles Laub / vollendet.
Das abgebrochne Blatt   weiß fallend sich gewendet.

Mitternacht

Verhallt das Echo / Menschenlaut /
Zerstäubt / ein feiner Reif /
Wenn Sturm den Wald ergreift /
Und niemand mehr den Worten traut /
Die sagen ‚sein‘ und ‚mein‘ /
Und formen ihren Schein /
Und fassen nicht / was dort beginnt /
Wo alles Laut um Laut verrinnt.

Ackerwindhalm (Apera spica-venti)

Kein Sterbenswörtchen nimmt   an dem Verwehen Maß.
Was unvergänglich ist /   erzählt der Wind im Gras.

Die Birken im November

Organe fremder Sinne /
Gestricheltes Gezweig /
Das sich im Regen neigt.
Im kronenweiten Aderwerk beginnen

Der Sturm und kahle Äste gleichermaßen
Sich ausdruckslos zu wiegen /
Zu summen / schnell verfliegen
Die Formen / die wir unvermischt besaßen.

Wie das Licht in der Finsternis wohnt
und die Finsternis doch nicht besitzt /
also ist auch der Mensch geschaffen.
Er ist nach der äußeren Menschheit die Zeit / und in der Zeit /
und die Zeit ist die äußere Welt / das ist auch der äußere Mensch:
und der innere Mensch ist die Ewigkeit.
(Jacob Böhme)

Großohr (Plecotus auritus) vor der Winterruhe

Die Zeit erstarrt im Frost /   ein Schmerz / der dumpf verweilt.
Bald schläft sie / schrumpft zum Punkt   in ihm / wo sie verheilt.

Das Grab

Wo Zeit hing / ist nun ungeteilte Schwebe /
Ein Tropfen Tag / ein Tropfen Nacht / und Wochen
Sind mit den jungen Raupen fortgekrochen /
Und in den Zweigen schimmern nasse Weben.

So ist es still / nichts wird und nichts vergeht.
Du nimmst den Pfad zum Berg / es ist für immer.
Du löst Geröll und leuchtest auf im Glimmer
Und siehst / wie alles eben erst entsteht.

Namen

Der Name ist ein Kraut /   ein Keimling und ein Schaft /
Gewachsen aus dem Laut /   zu Holz und Öl und Saft.

Welpenlaut
oder
Vom A

Bevor es schreit / noch nichts sich äußert / wer
Erzeugt das *A* / den fremden Luftstrom / steht
Im Kalten aus? Und weiß von sich nicht mehr
Als diesen ersten Atemzug und dreht
Sich um und starrt / Vertriebener: / Woher?
Lauscht wie er selbst in einem Laut verweht?
Derselbe Hauch ist's / wenn ein Welpe pfeift
Und wenn die Wehe nach der Hündin greift.

Kräuter

Ein Name ist das Kraut /   im Samen stumm gedacht /
Vergessen unterm Schnee /   in Keim und Blatt gebracht.

Die gebärende Hündin
oder
Vom O

Nach allem Fiepen / Röcheln / Schnappen / was
Erstirbt im *O* / wenn noch ein sechstes Fell
Erscheint / verschmiert / ein blutiges Gelaß
Sich nicht mehr schließt und draußen wird es hell?
Wenn Schlaf nun die Geborenen erfaßt /
Sie birgt und stillt ihr wimmerndes Gebell?
Sie sucht sie nicht mehr hier / ein fernes Wittern
Zieht durch den Leib als traumgedämpftes Zittern.

Weidelgras (Lolium perenne)

Dort / wo ihr Kreis zerfranst /   wohin noch Fasern fassen /
Wird sichtbar die Gestalt /   die wuchernd sie verlassen.

Dort an der Narbe / Wulst /   den Halme noch umhüllen /
Erscheint das Offene /   das wuchernd sie erfüllen.

Die Hungerhäutung

Die Mottenraupe hungert / häutet sich /
Sie schimmert heller / schrumpft und sie wird leicht.
Der neue Rumpf ist schmaler / doch er reicht.
Sie hungert immer noch und häutet sich
Und sondert kriechend Inneres nach außen /
Stößt ab in Panik / doch der Hunger bleibt.
Sie schließt sich ein in einen kleinsten Leib /
Die Stille in ihr wächst als stummes Draußen.

Das Fossil

Ein weißer Stein / darin   die Zeichnung / sie bewahrt
Gewesenes / ein Tier /   noch wie ein Fötus zart.

Die alte Weide

In solchem Schädel haust ein Rest /
Ein Zittern in den Spinnenröhren.
Der Wind im Hohlstamm dreht sich fest.
Der Porling zögert zu zerstören.

Erinnertes / die weichen Reiser /
Die zahllos aus den Narben summen /
Sie werden Zweige / fest und leiser /
Bis sie in dem / was war / verstummen.

Die Kriechweide (Salix repens)

Ihr Laub / ein zähes Gas /   nicht außen und nicht innen /
Es fließt und steigt / ergrünt /   gehalten im Verrinnen.

An der Lethe

Die Blicke laufen ruhig hin und her
Auf einer Linie / sind für sich allein.
Sie dringen lautlos in die Namen ein /
Sie fallen in die Tiefe / werden schwer

Und flocken aus. Es scheint / wir würden sehen /
Dort Stimmen hören und uns selbst verstehen.
Die Toten / uns vor Augen / schauen auf /
Beweinen uns im unentwegten Lauf.

Goldglänzender Laufkäfer (Carabus auronitens)

So weit er sieht und riecht /   bis er am Teerfluß steht /
So weiß er Schritt für Schritt   Bescheid und geht und geht.

Vor dem Unwetter

Dorthin / schneller / wo die wilden Möhren
Welken / wo das Lilienlaub im Moor

Zerfällt / und summend dringt Geröll hervor /
Und besser ist es / nichts im Dunst zu stören /
Zu lauschen / was es fragt / gereiztes Land:

Was ist der Sinn / der dich ins Sichre führt?
Wenn nebelblind du doch die Richtung spürst?
Derselbe Pfad taucht auf / wo er verschwand?

Inhalt